난 오늘도 그 길을 간다

인생 不패

신양호 지음

애플북

프롤로그

살아 오면서 힘든 때가 있었다.
대학교 졸업한 뒤에 취업한 회사가 IMF를 보내고 회사의 부도로
인생의 크고 작은 파도를 타며 보낸 것 같다.

사람을 믿어서 아니면 욕심때문에 몇건의 투자사기와 빌려준 돈을 못 받고
경제적으로 힘든 시기가 있었고 또 인간의 대한 배신감으로 고통의 시간을
보내면서 삶을 포기하고 싶던 때에 난 다시 살기로 결심하고 닥치는대로
건설 현장의 이런 저런일들을 경험하던 때가 있었다.

이 책은 그때의 소중한 일상의 시간속에 순간순간 느꼈던
그 시간대의 감상들을 시와 에세이 형식으로 적은 글들이다.

힘든 시간들속에 순간순간 메모했던 감성과 글들을 적는 일상은
내겐 작은 행복이었고 고통의 시간을 견디게 해준 작은 위안이었다.

그 시간은 나에게 참 고마운 시간들이었다.
그때까지 큰 고생없이 자라왔던 나에게 노동의 가치와 땀의 댓가를 느끼며
떠오르는 태양과 하루를 마감하는 노을을 보면서
인생의 의미와 가치를 알게 해준 시간들이었다.

푸시킨 시인의 "삶이 그대를 속일지라도 결코 슬퍼히거나 노하지 말라"는 싯구처럼
혼란스럽고 혼탁한 세상의 시간들속에
그래도... 그럼에도 불구하고... 세상속에서 인생의 해답과 의미를 찾고 싶은 고뇌하는 사색가의 작은 몸짓의 표현들이다.

사막이 아름다운 건 어딘가 있을 오아시스가 있기 때문이다.

─『어린왕자』의 글 중에서─

이 시대가 가치관의 부재와 점점 더 인간의 마음을 상실한 괴물들의 세상으로 뉴스들이 하루하루 난무하지만
그래도... 그럼에도 불구하고... 우리들은 인간을 믿고 서로 사랑하고 연대하고 서로의 옆을 지켜줘야 한다.

왜냐면...

난 저기에 있지 않고 여기에 있기 때문이다.

이 책은
나 자신에 대한 반성과 회상 또는 자기성찰의 글속에 일체유심조의 세상을 보고 내 자신과 인생을 알아가고 세상을 알아가는 과정의 노트 작업이다.

끝으로 지금까지 결혼 안한 자식 인생의 해뜰 날을 기다리시는 늙으신 어머님께
죄송하고 감사 드리며 이 책을 바칩니다.

고진감래라고 했던가?
"인내는 쓰지만 그 열매는 달다"라는 말처럼
힘들었던 인생의 긴 터널을 지나 이제는 그 시간들을 추억으로 회상하면서
神이 내게 주신 소중하고 값진, 나머지 인생을 하루하루 살아 가련다.
뚜벅… 뚜벅…

나는 누구인가~?

신양호 드림

목차

중년의 사랑	010	그 아이	032
봄놀이	011	여름별	033
레테의 강	012	풀잎이슬	034
손톱달	014	심연의 바다	035
소풍인생	015	알맹이	036
유유자적	016	주객인생	037
벚꽃인생	017	유혹의 바다	038
진짜와 가짜	018	계산서	039
아름다운 인생	019	가을하늘	040
불면의 밤	020	콩나물 사랑	042
하루만족	021	존재의 가치	043
옛 동무	022	제주도 가는 길	044
달빛 그림자	023	가지치기	045
무료함	024	빗방울 인생	046
옛 노래	025	동전	047
빗소리	026	에고이스트	048
하늘바다	027	달 그림자	050
들꽃	028	참회	051
승자와 축배	029	동병상련	052
사골국 인연	030	가을 밤	053
나비의 꿈	031	하나의 선택	054

인터스텔라 시간 ……………… 055	나비 인생 …………………… 077
빈잔과 한잔 ………………… 056	자기치유 …………………… 078
신과의 인연 ………………… 058	필요충분조건 ……………… 079
모닝 커피 …………………… 059	첫눈처럼… ………………… 080
빈 하늘 ……………………… 060	경자년 ……………………… 081
지나가는 계절 ……………… 061	월령의 손톱달 ……………… 082
창가 모습 …………………… 062	겨울바다 …………………… 083
오늘 ………………………… 063	포말 ………………………… 084
희망사항 …………………… 064	빗방울 ……………………… 085
온달 사랑 …………………… 065	비가 ………………………… 086
플레이아데스 별 …………… 066	질량등가의 법칙 …………… 087
외눈박이 원숭이 …………… 067	극점 ………………………… 088
천공 ………………………… 068	누군가… …………………… 090
너니까… …………………… 069	입춘대길 …………………… 091
불금 ………………………… 070	한 숨 ………………………… 092
나그네 독백 ………………… 071	메아리 ……………………… 093
포옹 ………………………… 072	눈송이 ……………………… 094
한사람 ……………………… 073	사내 ………………………… 096
그 시간 ……………………… 074	봄비향 커피 ………………… 097
흐르는 강물처럼 …………… 075	24시간 ……………………… 098
진짜 사랑 …………………… 076	별 …………………………… 099

목차

주인공 인생 100	시절인연 121
늙은 노모 101	하얀 나비 122
세월호 102	중심추 123
회상 103	그 마음 125
너 104	탐욕 126
갈급 105	타국하늘 127
마음이란 놈 106	낙수물 128
인스턴트 관계 107	휴머노이드에게 고함 129
고독 108	별하나 130
여행길 109	공부 131
옛 친구 110	한잔...두잔... 132
충분해 111	바람의 시간 133
기억 112	숨소리 134
사이버 공간 113	영면속의 꿈 135
무지개 114	인간의 숙명 136
마음의 길 115	사랑의 기술 138
하늘바라기 116	공 139
천상연 117	염화미소 140
들새 118	제로썸 게임 141
향유 119	하나의 슬픔 142
어느날 120	거울 143

숙제 ………………………… 144	물들다 ………………………… 166
사랑은 하나 ………………… 145	군중속의 고독 ………………… 167
한갈래 마음 ………………… 146	귀로 ………………………… 169
가치의 인생 ………………… 147	마라톤 사랑 ………………… 170
나이테 ………………………… 148	별의 대화 ………………… 171
측은지심 ………………… 149	주인 ………………………… 172
괜찮아 ………………………… 150	인샬라~ ………………………… 173
송일식 ………………………… 151	일렁임 ………………………… 174
알 밖의 독수리 ……………… 152	이데아 ………………………… 175
야상곡 ………………………… 153	노스텔지아 ………………… 176
시스템 사회 ………………… 154	내리막 인생 ………………… 177
애시당초.. ………………… 155	껄떡 인생 ………………… 178
조기새끼 ………………… 156	이방인 ………………………… 179
고슴도치 인간 ……………… 157	하늘비 ………………………… 180
멍에 ………………………… 158	청량 한모금 ………………… 181
갈대숲 ………………………… 159	내 머릿속에 너 ……………… 182
바다바람 ………………… 160	꼴값하다 가는 인생 ………… 183
신호등 ………………………… 162	현상과 본질 ………………… 184
시작 ………………………… 163	인생불패 ………………… 185
가을밤 ………………………… 164	
시간의 자유 ………………… 165	

인생 不패

중년의 사랑

중년의 사랑
중년의 사랑은 우리 태어난 첫사랑보다 더 힘들다
인생의 지난한 시간을 지나..
달빛 그림자와 친구 하며..술 한잔 드리울 때
사랑은 아픔이라고 기억하며..
또 다른 사랑은 기억 속의 사랑으로 되뇌길 바랄 뿐이지만..
또 사랑은 나를 흔든다
또 다른 사랑의 속삭임에 설레는게 중년의 사랑이다
그렇게 사랑은 살아온 시간만큼 목마르다
사랑은 아픔만큼 성숙된다지만
더 이상 아픔 없이..
사랑만 하고 싶은 게 중년의 사랑이다
그렇게 살다 소천하고픈게
중년의 사랑이다

봄놀이

푸른 들녘..
아지랑이 피는 춘삼월에는..
그 이 손잡고..
봄놀이 가고 싶소..
구름 넘어 봄햇살 비추면..
엷은 입가 미소 머금으며..
당신 어깨 위로 따스한
아지랑이 햇살에
내 지친 얼굴 기대고 싶소..
그렇게 봄날 기다리며
당신 기억하고 싶소

레테의 강

나도 님 따라 저 강 건너고 싶소
초저녁 지는 석양 보며
나룻배 찌그덕 찌그덕
뱃사공 흥얼거리는 노 젓는 소리 반주삼아
노을 뒤 지는 태양에게
오늘 하루 즐겁고 행복했다고
눈짓인사 나누고 싶소
어둠이 드리우는 강가들녘에 하늘거리는
이름 모를 들꽃과도 인사 나누며 그 길 가고 싶소
귓가 스쳐가는 바람소리조차
하늘하늘 거리며 강나루 뱃사공 콧노래도 흥에 겹다오~
하늘이 기쁘게 웃는 날
내 기억도 기쁜 날
그렇게 님 따라 저 강 건너고 싶소

손톱달

하루하루 시꺼먼 해지는 뉴스들 속에서
오늘도 파란 하늘을 꿈꾸며
하루 저녁
구름 속 보름달 돼 가는 손톱달 바라보느라
수고 많았다
시간은 그대로 바라볼 때 아름답다
허구 속 TV는
헛웃음만 짓고
TV밖으로 나와 웃어주질 않는다
사람들은 그저 웃고 떠들 뿐
진실과 현실은 구름뒤에서
실없이 그저 흐르기만 한다

소풍인생

행복한 인생은
소풍 가듯이
가슴 설레는 인생을
살아가는 것

유유자적

오늘 하루
오늘 하루 삶에 감사하며
순간순간 행복을 느끼며
큰 욕심 없이
내가 사는 이유를 고뇌하고
정답 없는 인생들을 관조하고
다가올 내 시간들에게 부끄럽지 않고
탁한 세상에 지금처럼만 당당하길
바라보는 저녁
이 또한 즐겁고 좋지 아니한가~?

벚꽃인생

인생은
내가 왔던 곳을 알아 가는 것
인생은
내가 돌아갈 곳을 알아 가는 것
오늘 하루 만나게 되는 세상 모든 인연(만물)들속에
감사와 고마움을 느끼고 표현하며 사는 것
그렇게 살다 가는 것
후회 없이.. 미련 없이..
봄날 벚꽃의 떨어지는 몸짓처럼..

진짜와 가짜

진짜와 가짜를 알아야 한다
흘러가는 것과 변하지 않는 것
인간관계든 그것이 내 마음이든
운 좋게 변하지 않는 것들을 찾았다면
그것은 행운이고 행복일 것이다
그것이 친구도 될 수 있고
사랑이 될 수 있고
내 인생의 변하지 않는 행복과 즐거움이 될 수 있고
유한한 시간 속에서 무한을 꿈꾼다
설령 갈 수 없고 찾을 수 없다 해도
오늘 하루 난 한 발짝 한 발짝 그 길을 찾아
앞으로 나아가야 한다

아름다운 인생

그때도 그랬으면
일상의 소확행을 느끼며
행복했으면
그게 진짜 인생인 것을..
그게 진짜 사랑이었던 것을..
시간 흘러 알게 되니
지난 사람에게 미안 해지는 건..
나이가 든 걸까?
인생을 알게 된 걸까?
눈 뜨고 하루가 행복이란 걸
알기까지
지난한 시간을 지나
이제야 비로소 보이는
모든 것들

세상 참 아름답다~
아름답구나
이제 진짜 사랑을 할 때다
별 헤는 밤
추억 그리는 선율 속에
떠나는 널 보낸다~
시간은 그렇게 내 옆에서
나를 바라보는구나

불면의 밤

내 나머지 인생 살다가
나는 얼마나 어떤 기쁨을 알며 살게 될까?
그 기쁨은 무얼까~?
고뇌였던 숱한 불면의 밤
사는 동안
난 얼마나 많은 인생을 만날까~?
그 인생 속에서 난 무엇을 찾아야 하나?
내 눈 속에 또 얼마나 많은 빛과 그림자를 보게 될까~?
파도 뒤로 부서지는 저 수많은 물보라처럼~
구름 속 햇살
파도 위 찰나의 물보라
지금 난 살아있어 삶을 느낀다
삶은 사람이다
사람은 사랑이다
삶은 사랑이란 걸 지천명 지나 구름 속 태양을 보며 미소 짓는다
끝없이 펼쳐지는 지평선 끝에 몸 부딪힐
끝은 또 나를 설레게 한다
그래
그게 삶의 축복이다
파도 위 일어나는 포말을 보며
인생을 배운다

하루만족

오늘 하루도 잘 먹고 잘 살았다
하루하루가 의미 없는 해답을 찾느라
쓰라린 마음 한편 옥죄기도 하지만
뜨거운 태양이 나를 비웃듯이
나도 오늘 뜨겁던 태양을 비웃던 날
내 인생의 답을 찾던 날
웃으며 그 뜨겁던 태양을 보며
눈부시게 웃으며 널 반기노라~
네가 웃으니 나 또한
널 보며 웃어 주리라~
이 찰나의 순간이 지나면 너도 지고
나도 어제의 모습이 아니니
이 지금 모습 사랑하라~

그런 모습으로 영원 속에 우리 다시
뜨겁게 다시 만날 날을 또 보리라~
난 파도가 되고
바다의 모습으로 널 바라보고
저녁노을 저편에
뜨거웠다던 널 웃음 지으며
또 보게 되리라~
너는 그렇게 뜨거워라~
나는 널 웃으며 다시
영원이란 시간속에서
다시 널 기억 하리라~

옛 동무

어릴 적 친구는 더이상
같은 하늘엔 없다
소중했던 시간은
아름다운 기억 속으로
어릴 적 골목길 옛동무는 인생의 마침표를
속절없이 약속없이 끝맺음하며
남겨진 옛동무의 시간들을
남겨진 기억들로 후벼 파며
다시 못 올 심연의 시간 속으로
멀어져 갔네
그대 잘 가라~
삶이 그렇듯 동무도 그렇게 갔다고
흐르는 시간 속에
또 나를 흘려보내니
두려워 말고
아쉬워 말고
그대 잘 가라~
추억 속에 지는 노을 바라보며
술 한잔 함께 못한 게
시간앞에 부끄러울 뿐
그대 그렇게 잘 가라~

달빛 그림자

나는 혼자 같은 자리
달빛 친구하며 술잔 기울이는데
속절없는 저 달빛은
내 허락 없이 쑥스러워
구름 속 뒤로 그림자를 숨기는구나
시간은 그렇게 또 기약 없이 스치는 바람결처럼
내 귓볼을 스친다
시간아~
야속하다
달빛 아래 내 모습을
기억하마~
시간아~

무료함

인생이 시시해질 때도 있고
사람들에게 더 이상 기대도 안 되는 시간이 올 때도 있고
사랑도 욕심이란 걸 알 때가 있고
그냥 그렇게
모든 것이 식상해질 때
그렇게 시간 속 안에 덮일 때가 있다

옛 노래

20살 때쯤
첫사랑 그 이름 아파하며
손 편지 쓰던 지난 시간 추억하니
어릴 적 옛 노래에 빠져 들었던 기억으로
세월 지나 다시 듣게 되니 새롭다
인생은 짧고
예술은 길다 한
성현들의 옛 얘기가 새롭구나
그런 거였구나
예술로 살다 가는 게 좋은 거였구나
이제사 예술을 느끼고 인생을 아는
春老의 시간을
저 바다는 알까~?
인생의 획을 그리다
가는 인생이 아름답다

빗소리

떨어지는 빗소리가 좋다
네가 내 맘속으로 떨어지는 것 같아서
그래서 네가 좋다
떨어지는 비는 아프지만
그래도 빗소리가 좋다
그걸로 됐다
사랑은 떨어지는 빗물

하늘바다

매일 비슷한 뉴스
그리고 추악한 사건사고
매일 같은 일상 속
그 시간 속
바람 같은 인생
그 날을 기대한다
소유가 욕심이란 걸 알고
욕심을 버리고 길을 떠나게 되는 날
자유롭게
세상을 바라보고
내 인생을 속 깊이 바라보게 되는 날
나비의 날갯짓처럼
난 바람처럼 길을 떠나련다

그 바람결 따라
하늘과 바다를 보련다
그렇게 웃으련다
생을 관조하고
노을을 바라보며
인생을 만족하리라
그렇게 노을을 맘 컷 즐기리라
그리고
꿈을 꾸다
또다시 떠오르는
태양을 올곧이 맘 컷
웃으며 품으리라~

들꽃

술 취한 길가옆으로
이름 모를 들꽃이 웃었다
나도 그 들꽃 보며 웃어 주었다
덩달아 기분도 좋다
취기 때문인가?
들꽃 때문인가?
내 마음 때문인가?
이름 없는 들꽃이 아름답다
가녀린 들꽃 생각에
거친 가슴이 메인다

승자와 축배

더 나빠지진 않을 거다
네가 태양을 보고 웃을 수 있다면
꺾인 너의 날개는
헛된 욕망 속에서 꿈틀대던 허상이었음을 안다
이제부터 인생이다
하루하루 시간시간
헛된 욕망 길 모퉁이 뒤로 하고
너는 용감히 시간을 즐겨라~
긴 터널의 끝은 너를 온전히
기다리는 태양 빛이니
넌 그렇게 시간을 즐겨라~
진실로 바닥을 걸어 본 자는
바닥의 희노애락을 즐긴다
넌 이미 승자다
헛된 욕망 다 버리고
온전히 남아 있는
그대로를 간직하는 거
네가 태양을 보고 맘 컷 웃을 수 있다면
이미 넌 승자고
축배를 들 자격이 있다

사골국 인연

인연을 쉽게 만들지 마라
사랑을 쉽게 얻으려 하지 마라
쉽게 정주고 쉽게 빠져드는 건
위험한 인생
불행한 시간의 시작이 될 것이다
진득이 우려낸 사골국이 건강에 좋듯이
우리네 인생살이..사골국처럼..
우려낼 시간이 없는 듯..빨리 흐르겠지만
몸과 마음을 위할 줄 안다면..
사골국 같은 인연으로 만나자
그게 짧은 인생에서 부끄럽지 않는
멋진 계획이다

나비의 꿈

뒤돌아보니 그때 그 시절
그 시간뿐인 게 인생이더라~
좋았을 때는 그때뿐이더라
시절뿐인 게 인생이더라~
다~그렇게 시절을 즐기고 꿈꾸다
가는 게 인생이더라
나비의 꿈인 게 인생이더라~
시절일지라도
그런 나비인생을 즐기는 인생은
행복한 인생이더라~
아모르파티 카르페디엠
즐길 때 즐기고
열심히 일하면 충분한 삶이더라

시간에 감사함을 느낄 줄 안다면
내일은 생각 말고
지금 오늘 이순간 여기를
다시 보는 새로운
나를 보는 눈으로
내 안에 또 다른 나를 발견하며
그 자신을 만날 때
자존감과 충만감을 알 수 있다면
되리라~
난 이미 충분하니까
우주가 너를 품었듯이
너와 내가 우리가
우주를 품을 수 있을 만큼이라면..

그 아이

그때 그 시절 그 아이는
잘 살고 있겠지?
모든 날 모든 순간 함께하자던
눈망울이 맑았던 그 아이
지나고 보니
사랑이 온전하고 순수했던
20살.. 아름다웠던..
그때 그 시간
그걸로 충분했던 그 시간이
아련히
문득 스치는 저녁
어느 곳에서 있든지
항상 행복하길~

여름별

오늘 내가 봤던 하늘을 오늘,, 너도 봤으면 좋겠다
같은 공간 같은 시간은 아닐지라도
그렇게 오늘 하루
뜨겁게 하루를 보낸 파란 하늘을 너도 봤음
좋겠다
내가 하늘별처럼
너에게 뜨겁게 스며드는 날
그날
사랑이란 이름인 너를
여름날 하늘빛처럼
뜨겁게 사랑해 주리라~
온 세상을 웃고 안으며
깊이 깊이 품어 주리라~
그렇게 너와 나
여름별처럼
뜨겁게 사랑하리라~

풀잎이슬

우리네 인생이
아침 풀잎에 이슬처럼
곧 마를 시간이 오겠지만
하루하루
겉모습보다 가치를 아는 사람으로 살겠습니다
파란 하늘과
귓볼에 스치는 바람
어둠 지나 빛나는 별처럼
뜨거운 태양을 온몸으로 받아들이는
바닷물처럼
그렇게 인생을 느끼는 사람으로 살겠습니다
그리고
삶이 있듯 죽음을 관조하며 살겠습니다
오늘 하루 그 마음을 느끼며
세상에 덕을 쌓는 사람으로 살겠습니다

심연의 바다

지금 난 여전히
상황을 인정하고 적응할 뿐
아직도 내 심연의 바닷속엔
나의 거침과 나약함에 싸우고 있다
그러면서 난 여전히 순수를 동경한다
성선과 성악을 논하기 전에
난 나를 만나고 싶고
난 나를 인정하고 사랑하지만
그러니까 인간이겠지만
신은 그래서 냉정하다
인간인 나는 그렇게 주변인으로 살뿐
오늘 밤도 별 하나가 내 머리 위에서
나를 지켜본다
그냥 그렇게 지켜볼 뿐

알맹이

신기루 같은 껍질은 가라
온전히 알맹이로 만나고 싶다
껍질 속이 더 이쁘다
신기루 같은 껍질은
너의 본모습이 아니다
알맹이가 너의 모습이다
부끄러워 마라
넌 부끄러운 존재가 아니다
너의 껍질도 아름답고 소중하다
알맹이는 껍질 속에 있다
껍질 속에 너는
이미 알맹이다
알맹이로 살다 껍질을 생각하며 가라~

주객인생

이 세상 내 것인 게 어디 있으랴~
잠시 빌려 쓰다 가는 것
내 것이라 착각 마라
내가 가지고 갈 것 무엇이냐?
주인처럼 살려했지만
객으로 살다 가는 인생이니
구름을 잡을 수 있으랴~?
바람을 붙들 수 있으랴~?
그냥 그렇게
한잔 술로 손톱달과 친구 하면 족하리

유혹의 바다

유혹뿐인 세상 속에서
넌 어떤 유혹을 부릴 건데
그 유혹에 넌 유혹으로 넘어올 건가?
유혹은 유혹일 뿐
우리 선을 지키며 유혹하자
하지만
넌
유혹을 유혹으로
감당할 수 있겠어?
이미 넌 지는 노을 밤에 빠져 있는데
지는 여름 밤바다 노을이 아름답다
그 너의 유혹뿐인 바다

계산서

당신 앞에 내 사랑은
할인이 없다
너를 두고 내 사랑은
할인이 없다
온전히 사랑이란 이름으로
내 사랑을 너에게 계산하고 싶다
넌 이미 내 마음속에
선불로 계산이 됐으니
넌 이미 그걸로 충분하니까
내 사랑에 할인은 없다
사랑에 계산창구가 있다면
난 할인 없이
너의 사랑을 온전히
사랑이란 이름으로
계산을 하고 싶다
그게
초 가을 밤 깊어가는 너의 대한
내 최고의 선물이고
너를 향한
이 끝 간 데 없는 물음에 답인걸
알았으면 좋겠다

가을하늘

가을이 온다
누군가를 사랑할 시간이 온다
파란 하늘 속에 널 그려본다
오늘은
푸른 하늘
뭉게구름 넘어
8월에 이글거린 태양도
넘어가는 시간
오늘은 가을 뭉게구름 오는 처서다
내 인생 51번째 처서
이제
나의 시간 너의 시간 속에
같은 가을 하늘을 보고 싶다
너는 거기 있으라~
나는 가을이 오는 시간만큼
그렇게
푸르게~푸르게~
높게~높게~
너에게 가고 싶다
올 가을엔 가을 타지 말고

사랑스러운 너에게 가을 커피 타주며
애틋한 입가 미소로
너의 눈에 비친 파란 하늘을
담고 싶다
가을은 타는 게 아니라
푸른 하늘을 느끼는 거다
그렇게 인생을 느끼는 거다
너는 거기 있으라~
내가 가을 오는 시간만큼
너에게 달려갈 테니
이제는 너를 만나고 싶다
내 시간에
가을인 네가 날 그리듯
푸른 가을하늘 만나듯이
그렇게 뜨겁게 여름 보낸
내 인생의 가을하늘을 만나고 싶다
너는 이미 내 맘속 가을 하늘이니까

콩나물 사랑

보일 듯 보이지 않고
잡힐 듯 잡히지 않지만
하루하루
님 향한 마음이 자라는걸
어찌할까요?
내 마음은 어찌할까요?
콩나물에 물 주면
하룻저녁 소리 없이 쑥쑥 자라는
콩나물 사랑같이
하루하루 지날수록
소리 없이 무럭무럭
쑥쑥 자라는
내 마음 한편
올곧은 이 마음은 무엇인가요?
콩나물에 물 주듯
하루하루 내 마음속
님의 모습 그려 봅니다

존재의 가치

오늘이 왔으니 당연히 내일이
미소 지을 거란 생각은 마세요
오늘 내 옆에 있으니
내일도 내 옆에 있을 거란 생각도 마세요
지금 내 옆에 있는 사람 존재들이
내 인생 가장 소중한 사람과 존재란 걸
알길 바래요
그걸 알면
행복하고 값진 인생 날
존재와 관계를 당연시 생각하는 순간
그 순간부터 인생이 진부하고 고루해지는 것
존재 자체가 아름다운 존재이길
그 존재로 행복을 아는
존재로 남길
그 자체로 너무 아름다운 순간
영원 속에 당신은 너무 소중할 뿐

제주도 가는 길

제주도 가는 길에서
시시각각 변하는 게 하늘 속 구름이더라~
난 제자리였지만
구름은 흘러가더라
시간도 어김없이 흘러가더라~
흘러가고 스치는 이 순간
나는 무엇을 잡고
살 것인가~?
알겠는가~?
알면 그것으로 충분한 인생이다

가지치기

나무를 사랑한다면
곁가지 가지치기를 해주듯이
나를 사랑한다면
내 마음의 흐트러진 곁가지를 정리해 주어야 한다
그래야 나무는
가을이 오면 풍성한 열매로 보답해 주듯
내 마음도 정리된 마음이 시간이 지나면
풍성하고 가득한
시간의 열매를 얻을 수 있다

빗방울 인생

가을이 온다고
가을 하늘이 내 마음
노크할 때쯤
떨어지는 빗방울 소리에 한여름 뜨겁던
길가 나뭇잎 더 식어가고
한걸음 한걸음
네가 오는 소리에
반가운 마음 다가가니
너는 없고
세월만 떨어지는구나
아서라~말어라~
그렇게 시간 속에 거두어가는 빗방울에
시간 앞에 당당하고
부끄럽지 않은 인생으로
헛헛한 웃음으로
하루저녁
빗방울
구름 속 달그림자를 쫓다 가는 인생인 것을
저 쪽달은 알까~?
빗방울 인생~
아름다운 시간이다

동전

인생은 동전과 같습니다
이것과 저것처럼..
선택은 순간의 연속입니다
그 선택의 책임은
본인이 져야 할 의무입니다
오늘 행복했던 선택은..
그대의 선택..
그렇게 흐르는 시간 속에서..
시간을 느끼며..
시간을 알아가는..
그대와 내가 매 순간 소중합니다
그걸 아는 존재는 누굴까?
숲 속 길 하늘거리는..
가을 코스모스는 알까?
시간은 때론 무서울 때가 있고..
시간은 때론 아쉬울 때가 있고..

또..그리울 때도 있지만..
이 시간..나는..
영원 속에 한 순간으로 남으리..
내 영혼과..
사라질 육신에 부끄럽지 않는..
이 인생 안에서..
나는 영원하고..
그대도 영원하고..
시간 안에서 주인공으로
부끄러울 것도 없습니다
인생은 삶..자체가 기적이고..
그 걸 아는 당신과 나는
하루하루 행복할 권리와 의무가
있습니다
오늘도 지구별 안에서
당신을 응원합니다

에고이스트

한가위 추석도 몇일 안 남았네요
짧은 가을 지나 곧 겨울도 오겠지요
시간이 나이 숫자만큼 빨리 지나가네요
하루하루 행복을 위해 노력해야겠습니다
사람들은 누구나 행복하길 원합니다
행복은 자기 안의 거울입니다
인생이 행복하려면 내 안에 긍정과 행복에너지를 가지고
행복한 사람들과 행복한 조건들을 만들어야 합니다
건강한 삶.. 건강한 생각을 가진 에너지를 자주.. 가까이 접하며
살아야 합니다
그 에너지의 파동으로 내 주위 삶도 부지부식 간에 전이됩니다.
시기..질투..욕심..증오..혐오..비하등 이런 마음은 나와 주위를
불행한 삶으로 안내하는 길입니다
인생은 멀리서 보면 희극이지만...
가까이서 보면 비극이라는 찰리 채플린이 있지만..
그 비극을 인정하고..
바라보는 인생은 너무나 아름답다는 걸..알게 됩니다
저는 푸시킨의 삶이 그대를 속일지라도라는 시를 나름 좋아합니다
돈..권력..명예가 행복의 필수 조건은 안됩니다
하지만 각자 위치에서 소임을 다하면 비극을 희극으로 바꿀 수 있습니다

인간은 천성이 에고가 있어..
이기주의입니다
그 이기주의를 건설적인 이기주의냐? 파괴적인 이기주의로
사는 건 각자의 몫입니다
우리는 건설적인 이기주의로 살아야 되겠습니다
지금 내환경과 불만족 조건들..
나를 힘들게 해도..
그래도..
그럼에도 불구하고..
내 인생을 사랑하며 살아야겠습니다
행복한 삶과.. 불행한 삶..
우리는 지금.. 어떤 삶을 선택하며 살고 있나요?

달 그림자

까만 어둠이 내 주위를 맴돌 때쯤이면
한낮에 태양조차 속이듯이
참나를 만나게 되는 게 신기하다
노을 지나 밤이 되면 속살 드리운 달빛처럼
참나를 찾고 싶은 본능으로 솔직해지는
나를 만난다
난 그 어둠 속에 나를 보낸다
보름달도 좋고
초승달도 좋고
손톱달도 좋다
어둠이 이 도시를 적시 울 때쯤
도시는 군상들의 하루 노고를
치하하며 술잔과 친구 한다
오늘도 그렇게 하늘 속 달그림자를 찾아 헤맨다
한낮에 뜨거운 열정보다
달그림자 쫓는 어둠이
그래서 그 밤이 아름답다

참회

인생은 기적이고..
선물이고..축복인 것을 알고..
살아왔던 순간순간..
기억의 거울 속에서
내가 후회하는 지난 시간..
용서와 참회의 시간이 올 수 있기를..
또다시 떠오르는 태양을 보며..
저녁 잠자리에서..
오늘 또 하루 감사하고..
내 주위에 사랑..
전하는 날이 될 수 있기를..
기원해 본다

동병상련

같이 있다 보면..
마음 한구석..짠해지는 사람이 있다
그 사람의 인생이..내 인생길 같아서..
그 인생을 알게 되면..마음 한켠..
그 사람의 쓰린 마음을
보듬어 주고 싶은 사람이 있다
그래서 마음이 아플 때가 있다
이유 없이..

가을 밤

오늘은 비가 하루 종일 왔으니..
초록단풍도..
빠르게 가을옷을 바꿔 입겠구나..
가을이 가을..가을하며..
대지를 물들이는 소리가 주적주적 적시는구나
떨어지는 빗방울소리에
가을 밤도 깊어가는데..
야이나 새다 자야겠다

하나의 선택

그대 오늘 하루
슬픈 선률의 노래를 들으면 슬픈 마음이 들은 적이 있는가?
그대 오늘 하루
세상 속 아픔을 보며 같은 마음으로 아파한 적 있는가?
같은 시간 다른 공간이지만 지구 반대편 어느 곳에 선가 포탄의 파편으로
아파하는 이가 있다
하나 된 마음으로 세상을 볼 때
세상은 사랑이고 삶은 축복일 것이다
그런 그대라면 아직 인간적인 그대를
사랑하고 싶다
우리 인생의 선택은 우리들의 몫이고
우리 지구도 우리 선택의 몫이다
그런 지구 안에서
그렇게 하루를 보낸다

인터스텔라 시간

어느덧 시간 지나
어릴 적 내 모습은 사라지고
꿈 많던 그 아이는 더 이상 거울 속에는 없다
현재를 살며
과거를 기억하고
미래를 꿈꾸는
거울 속 아버지의 모습이 보이는 건 당연한
시간 속의 프로그램일진대
오늘 밤
어릴 적 퇴근길에 과자 사 오시던 아버지가
그립다
같은 하늘 같은 시간은 우주에서 두 번 오지 않기에 공간이 멸하였기에
시간도 멸하리라
지금 이 순간 오늘 하루
행복을 가꾸며 파란 하늘 보는 게
내 삶의 길인걸
아버지를 생각하며 알게 된다
어릴 적 과자 먹고 꿈 많던
그 시간이 그립다

빈잔과 한잔

마음이 허전하고..
마음이 외로운 건,..
내 자신이 미약하니까..누군가에게
위로 받고 싶다는 거다
사랑의 마음이 부족하다는 것..
온전한 사랑과 인생은..어차피 이 세상에서는 없기에..
나 또한 조금은 위로가 되겠지만..
결국엔..
혼자..왔다..
혼자..가는 소풍길이지만,..
혹시 모를 나와 같은 마음의 깊이를 느끼는 사람이라면..
인생의 빈 잔..채워줄 수 있는..
그런 사람으로 기억되고 싶다
그 사람과 나의 마음..빈 잔에 채워서..
빈 잔이 한잔 될 수 있게..
마음은 나 자체..
생각은 마음을 일깨우는 것..
의지는 마음을 지속시키는 것..
정신은 마음이 몸과 일체가 되는 것..
영혼은 마음이 몸과 생각..그리고 정신이 고착화되는 것..

마음을 가눈다는 것은 나를 가눈다는 것..
마음을 가두지 말고..
자유를 느끼고 아는 삶..
그대는 자유를 아는가?
그대는 자유로운 삶을 살고 있는가?

신과의 인연

신과의 인연으로
다시 그 자리에 선다면
나는 무엇을 증명하며... 이 세상에 살았노라...
변명할텐가~?
부끄럽다 아직은 부끄럽고 부끄럽다
난 아직 부족하다
부끄럽고 미숙한 내 자신이 아직
신 앞에 당당할 자신이 없다
사랑으로 충만한 신이겠지만
신의 마음에는 나란 존재는 없다
내가 신의 마음에 맞출 수밖에
혼탁하게 흘러가는 시간
어울리되 물들지 않으며
태어난 시간
파란 가을 하늘 보고
인생을 향유하며
언젠가 마주칠 신앞에 당당하리라~

모닝 커피

언제부터인가
가을은 외로운 계절이 아니고
그리워지는 계절이 됐다
지난 시간 흘러간 깊이만큼
그리움도 깊어지는 계절
촉촉이 가을비가 오는 아침
내 마음에
진한 모닝커피 한잔 마신다
촉촉이 떨어지는 가을비를 느끼며
가을 아침을 맞는다

빈 하늘

오늘이란 시간을 살다 보니
당신 생각이 났다
문득문득 그렇게
너를 그리는 시간이 길지 않았으면 좋겠다
난 이미 속절없는 시간 속에 빈 여백만
덩그라니
가을 속 그림자에 나를 그리다 파란 하늘 너머 널 그렸다
널 보는 내 마음도 지나가는 단풍잎도
저무는 노을 쪽빛도
이 또한 지나가리라~
아쉬워 말자
세월 속에 나도 지나 가리라~
그 세월 속에 네가 있으라~

지나가는 계절

지나가는 건 아름답다
지나가는 계절
차창에 스치는 소소한 일상의 풍경
지나고 보니 아름다웠다
가을이 지나가는 요즘
오면 가야 되는 계절일지라도
지나가는 건 추억으로 남는다

창가 모습

너의 마음이 헛헛한 날
누군가 서로의 따뜻한 마음 전하고 싶은 날
그 발걸음 끝에 내가 있었으면 좋겠다
코스모스 산들거리는 길가 옆
단풍잎 노래지는 가을 들녘을
커피 향 가득한 찻집에서
창가에 비친 너의 모습을
수줍게 바라보고 싶구나
저무는 석양도 보고
그렇게 산책하듯
가을 하늘을 느끼고 싶은 요즘이다

오늘

너의 오늘을 사랑해
떠오르는 태양을 보며
오늘을 살아갈
너의 오늘을 사랑해
오늘도 온 우주의 시간이
너를 위해 움직이는 걸 믿어
너니까
나니까
오늘도 사랑해~

희망사항

애써 너의 하루를 모른척하며
하루를 살았다
오늘 하루 문득 문득
너의 하루가 걱정되는 건
어쩔 수 없는 나의 마음인가 보다
오늘 하루 수고 했다고
위로해 주고 싶었지만
넌 너무 멀리 있다
내가 너의 마음을 만질 수 있도록
이제는 다가와 줄래?

온달 사랑

늦가을
어둠이 세상을 지배할 때쯤
반쪽 달 보며
그 달빛 넘어
뜨거운 빛을 본다
반쪽 달이 온달 되는 그 날
내 사랑도 완성되겠지만
아직은 신을 향한 사랑도 반쪽
내 사랑도 반쪽
반쪽달도 사랑
온달도 사랑
바보인 온달이 평강공주를 만날 때
내 존재의 이유는
사랑을 향한 사랑
사랑을 위한 사랑
그 사랑으로 어둠 속 달은
빛을 또 보리라~

플레이아데스 별

난 말야
너의 겉모습과 껍데기생각보단
너의 진짜 알맹이 마음을 찾길 바래
이 세상은 가식이 판치는 세상
가짜가 진짜가 되고
진짜는 숨죽여 세상을 안타깝게 바라보는 걸
나도 알고
너도 아는 게 이 생에서 부끄러울 뿐
하지만 너의 진면을 보여 주며
행복을 찾는 길을 이제라도 찾길 바래
이 세상에 온 이유를
오늘 밤도
플레이아데스 별이 지구 향해 빛을 보내네
어렵겠지만 포기하지 말고
너의 존재를 찾아 가길 바래

외눈박이 원숭이

하루를 살든
천년을 살든
나는 나대로 너는 너대로
혼탁하게 흘러가는 세상 속에서
이름 모를 들꽃 모습으로
아름다워라~
외눈박이 원숭이 정상인 세상 속에서
나는 외눈박이 조롱하고 싸우다가
때 몰이로 장렬히 전사하리라~
시간 속에 어쩔수 없는
나와 너의 인생
인생은 깊지만
절대신도 어쩔 수 없는 시간 앞에
어쩌라고~어쩌라고~

너는 인생을 아름답게만 살아라~
난 나의 인생을 관조하며
너의 모습을 지켜 보리라~
인생이 아름다운 걸 감사하며 살다
언젠가 어디선가 다시 우리 만날 때
그때 아름다운 미소로
행복하게 웃자
이 세상은 아름답다고
시간 안에 갇히리라
내가 널 보듯
오늘밤 가랑비가 옷깃을 스친다

천공

긴 밤 어둠 돌아 돌아
여명은 눈동자처럼
오늘 난 새벽녘 태양의 눈동자를 보았다
어제의 난 그 어둠과 사라졌으니
떵빈 달인 지... 꽉 찬 달인 지...
달을 보며 물어보았다
깊은 밤의 천공도
푸른 가을 천고의 태양도
가을 하늘... 하루란... 시간 속에 또 물들었다
가을 단풍이 그렇게 또 지나간다

너니까...

너니까 고맙고
너라서 감사해
그동안
살아있어 고맙고
살아줘서 감사해
이 세상 모든 살아 있는 존재는 고맙고 감사해
이제야 눈뜬 내 사랑을
오늘도 하루 시간속에 살아갈 너에게
내 온전한 마음을 전한다
너니까 감사해

불금

지난 날 어릴 적 마셨던 술 한잔은
꿈과 사랑을 마셨던 술
중년이 된 지금 마시는 술 한잔은
인생을 마시는 술
인생의 파고속에서
오늘 하루도 순항했기에
어둠 속 등대 불빛 삼아 어느 잠들어 있는
항구에 닻을 내리기를
하루를 열심히 산 자
그대 술잔을 높이 들어라~
그대 술 한잔 할 자격은 그것으로 충분하다
황금보다 오늘은 불금
불태워라~
항구가 새벽 파도에 깨어날 때쯤
뜨겁게 솟구치는 태양의 민낯을
우리는 다시 보리라~
가슴으로 뜨겁게 사랑하라
술 한잔에 뜨거운 인생을 담아라
오늘은 불금이다

나그네 독백

너라는 계절이 간다
너는 속절없이 가겠지만
혼자 남긴 시간 나그네는
뒹구는 만추 낙엽사이로
너를 쫓다 속절없는
독백만 되새긴다
너는 허락 없이 가겠지만
난 그 까닭 모를 이별이 아쉽다
너라는 계절이 오늘도 간다

포옹

언젠가.. 내가..
당신 앞에 마주 섯을 때..
따뜻한 미소로 나를 안아 주시길..
그동안 고생했다고..
먼 길 오느라 수고했다고..
이제 당신의 품에서 편히 쉬라고..
말 한마디.. 지친 내게 속삭여 주시길..
언젠가 그날이 오면..
늦가을 파란 하늘 보듯..
내가 당신을 그렇게 다시 보고 싶었다고..
바람소리.. 낙엽소리 휘날리듯..
그렇게 당신께 안기고 싶었다고..

한사람

사랑을 모르면서 사랑을 얘기하고
우정을 모르면서 우정을 얘기한다
사랑도 우정도
한 사람만 있어도 만족한 인생인 것을
그것으로 값진 걸
알게 되는 게 인생이다

그 시간

아름다운 건 그때 너였을까?
너와의 시간이 아름다웠던 걸까?
그때 그 시간은
다시는 이 우주에서 교차되진 않겠지만
그때 그 시간 너는 그곳에 있었고
나는 너의 눈동자 속 우주와 함께 했으니
그것으로 우린 아름다웠다~
언젠가 하늘 아래 시간 흘러
널 보게 되는 건
또 다른 우주 속에 추억이 되리니
우리 아름답게 그 시간
기억하고 있으니
시공을 뛰노는 기억을
기억하는 것으로
인생은 즐겁고 행복한 것을

흐르는 강물처럼

세상은 재밌다
아와 비아의 세상을 보면 재밌다
이해가 없고
공감이 없고
지들 얘기만 고집하고
그래서 얻는 건 뭐지?
흐르는 강물처럼 천의를 거스를 순
없는 것이 인생
제 잘난 맛에 떠들어 대지만
떠들어서 뭐하나?
아와 비아의 관점으로 구분 짓는
정치가들 여론인들
이걸 어쩌랴?

너희들의 과오를 심탄하노라
난 그저 이 세상 느끼고 보며
관조하노라
소풍 온 듯 즐기며
내 온전한 마음 숙성시키며
그날 그때를 감사히
기다릴 뿐
사랑이 완성되는 날
기쁘게 해왕성이 밝게
빛을 발하리라~

진짜 사랑

사랑을 찾아
사랑을 만나
사랑을 해라~
지금의 너를 뛰어넘는 사랑을 해라
지금 네가 원하는 사랑은 가짜다
너에게 속삭이며 보이는 사랑이
가짜 사랑임을 알 때가 있다
시간 지나 문득
너는 진짜사랑을 알게 될 시간이 온다
사랑은
이 우주… 존재의 목적…
우주의 어머니는 너의
그 사랑을 바라고 있다
이제야 너도 나도
진짜 사랑을 배울 때다
영원토록 아름답던 그 사랑을
우리가 원했던 그 사랑을

나비 인생

24시간이란 영원 속에서
나는 오늘 어떻게 살았나?
당신은 오늘 잘 살았나?
행복한 일이 있었나?
그냥 스치는 일상의 하루였었나?
감사할 일이 있었나?
오늘이란 시간이 지난 후에
난 오늘도 더 잘 살걸
그냥 그렇게
지난 시간 속에 회한만이
후회스러울 뿐

돈도 명예도 사랑도
그것보다 더 한 행복은
당신 자신 실체의 본질을 만나는 것
본질을 만나려 노력하는 것
본질의 행복을 느끼는 행복
그 존재의 본질을 알려고 애쓰다
인생 살다가는 나비의 인생일 뿐
불나방처럼 살다가는 인생이 아닌
껍질을 벗고 탄생의 축복을 기다리는
나비의 꿈으로 살다 가는 것
그것으로 충분한 인생일 뿐

자기치유

살다 보면
사람 때문에 아플 때가 있다
사랑 때문에 아플 때도 있고
또
인생이 아플때가 있다
그렇게 그런 하루가 지나갈 때가 있다
지는 도시의 석양 속
분주히 스치는 사람들 속에
그 아픔을 곱씹으며
스스로 치유해야 할 때가 있다

치유의 방법을 모른 체
혼자 치유하며
누구도 감당해 주지 못하는 아픔을
나는 혼자의 힘으로
치유해야 하는 게 슬픈 현실이다
그런 시간은 고통이겠지만
내 인생 숙성의 값진 시간인 걸
감사히 생각될 때가 온다
오늘 하루에 감사한다
하루라는 시간 속에
나를 스치고 지나간
모든 기억에 감사한다
그것만으로
인생의 한 페이지 의미 있는
하루였음을
아픈 마음으로 감사할 뿐

필요충분조건

필요충분조건
그대 여행을 떠 날 준비가 되어 있는가?
그대 밥 먹을 준비가 되어 있는가?
그대 사랑할 준비가 되어 있는가?
여행을 가려면 여행준비를 해야 하듯
배고파 밥을 먹으려면 밥을 준비하듯
사랑을 하려면
내가 사랑을 줄 수 있는 사랑
사랑을 지키고
사랑을 볼 수 있는 더 큰 사랑
그런 몸과 마음이 숙성된 사랑으로
사랑을 만나라~
준비 안 된 사랑은 괴롭기만 할 뿐
그대 준비는 되어 있는가?

첫눈처럼...

아프다
마음이 아프다
너의 마음이 아플까 봐 내 마음도 아프다
아프지 마라
내가 더 아프니까
첫눈처럼 너는 그렇게
하얀 세상을 살다 가라~
너는 하얀 세상이 지켜 줄 테니

경자년

그날이 그날처럼
지나왔던 365일 기해년
몇 밤 지나면 어김없이
운명처럼 올 경자년
너는 나를 기다렸는지 모르겠지만
난 너를 기다리진 않았던 걸 알길
기해년동안 머물고 스쳤던
내 아름답고 소중한 시간이
순간순간 아름다웠다
너는 가지만 이제 오는 경자년은
나에게 더 큰 행복이 오리라
난
더 큰 마음으로
더 큰 눈으로
경자년을 맞고 싶구나
그렇게 스쳐가는 시간 속으로
뚜벅뚜벅 걸어가리라

월령의 손톱달

막상 간다니깐
아쉽고 서운한 기해년
가고 오는 건 너네 맘이지만
나는 혼자 지는 석양 노니는데
너는 내 맘 가지고 노니는구나
신이 맞춰놓은 시간표라
내가 관여할바는 아니지만
인정이 있어 가면 서운하고
오면 반가운건 어쩔 수 없나보다
월령의 손톱달이 뜨던 밤
이 밤은 영원과 함께
지는 달을 본다

겨울바다

단상1
오늘 가 본 겨울바다는 그대로였다
태고의 바다 있던 것처럼
작년 그 시간의 그때 바다처럼
그렇게 찰랑였던 파도도
지평선 끝자락 파도 일렁임 속에 있어 본다
그냥 그렇게 시간을 느껴본다
일렁이는 파도 끝 속에
사그라지는 포말을 보며
시간을 본다
그렇게 찰나의 시간 속에 나를 본다
오늘은 그렇게 바다와 인사를 나눴다
그렇게 충분한 하루였다
인적 없는 겨울 바다는 언제나 그렇게
무언의 인사로 반기기만 한다

포말

단상2
모든 게 순간이다
인생도
사랑도
발 밑에 부딪히는 파도의 포말도
그렇게 부딪치고 사그라지는 순간
그 순간 속에 행복과 슬픔
만남과 이별이 왔다 간다
그 순간에도 파도는 일렁이고
순간 순간 숨을 쉬듯
끝없이 밀려오는 파도처럼
감사하고 사랑하자

빗방울

세상은 다~이유가 있다
이렇게 비가 오는 이유도
내가 널 그리는 이유도
그 이유로
떨어지는 빗방울
그 한 방울 한 방울이 아름답다

비가

인생이 길거 같지만 짧은 듯
너무 긴 인생을 살 것처럼
살지 않길
너도 나도
하루의 감사함을 느끼며
그때 그 시간이
바로 지금 여기란 걸
그렇게
태고적부터 기다려왔고
나도 너도 고대했었나 보다
그렇게 고대하던 비가 왔었다

질량등가의 법칙

인생의 키워드를 바꿔라
불행의 반대말은 행복이 아니다
축복이다
오늘 하루에도 지금 이 순간
파란 행성 지구에는
당신이 모르는 수많은 축복과 불행이
나도 모르게 일어났듯이
질량등가의 법칙으로
불행이 있으면 비례적으로
행복과 축복이 오늘
당신의 하루 시간에도 있었다

찬란히 떠오르는 태양을 보라
유유히 스치듯 흐르는 구름을 감상하라
그리고 하루 지는 석양을 보며
인생을 축복하라~
아름다운 건 너의 마음
그 마음을 잡고 놓지 마라
우리 인생들이 운명의 조약돌이 돼 가는
그 시간속에
너도 고맙고 나도 고맙다
조약돌처럼 살아가는 인생
조약돌이 되어 가는 인생이
고맙고 아름답다
그걸 아는 게 인생수업 시간인 것을
알 때가 있다
그 시간이 올 때쯤 사랑을 안다
사랑이 그래 사랑이다

극점

사는 게 살아가는 게
그렇더라고요
다~별거 없더라고요
사람마다 각자 그렇게 견디면서
그렇게 정신없이 바쁘게 지나가는 게
어쩌면 하루라는 시간 속에
묻히는 거 같더라구요
하지만
잊지 말기를
내가 무엇을 위해 사는지
그리고 무엇을 향해 그 길을 가는지
흔들리는 세상 속에서
상처뿐인 세상 속에서
그 아픔 견디다 보면
이름 모를 들꽃이 이뻐 보일 때가 있더이다
극점을 향해 흔들리는 나침반 초침처럼
그렇게 살다 보면
언젠가는
극점에 서 있는 나를 볼 날이 올 거라는 걸
흔들리며 사는 인생이

그래서 아름다울 뿐
그렇게 시간 속에 답이 정해질 뿐
공간과 시간은
나에게 항상
그 답을 정해 달라고 보채기만 할 뿐

누군가..

누군가
내가 나를 다 보여주기 전에
온전히
나를 안아주는 사람이 있었으면 좋겠다
그것으로 충분한 사람이면
난 그것으로 충분하니까
그것으로 내 나머지 시간
아낌없이 머무리
부족하지 않은 사랑과
부족하지 않는 시간으로
그런 사람 하나만 있었으면
좋겠다

입춘대길

대지는 벌써 봄을 준비하는 땅 밑 즈음
겨울 같지 않은 겨울이 지나
며칠 있으면 입춘이다
세상도 나도
그렇게 또 시간을 받아들이며 살아야 한다
언젠가
한번 스치는 봄바람에 설레었던 그 시간처럼
한 번을 만나도 잊혀지지 않는 하늘이 있었다
나를 위해 눈물 흘리기보다는
너를 위해 애써 눈물 흘리려
밤하늘 달빛 너머를 그려본다
험한 세상 다리가 되리라던
그때 그 시간들도
오늘처럼
봄을 애써 기다리는 지금처럼
이 밤이 깊어간다
그렇게 봄이 나를 기다리며 온다

한 숨

손 끝 사이로 스쳐 지나는 바람을
잡을 필요는 없다
인생도 사랑도
바람 속에 흔들릴 필요도 없다
유한한 인생 속에 무한을 동경하지만
한숨 속 안에 인생
그 한 숨 속
인생은 살아 있음을 아는 것뿐
오늘 하루도
내 인생 시간표 안에 있을 뿐
그것으로 인생은 충분하고 아름다울 뿐
그저 감사할 뿐

메아리

많은 사람들과의 관계 속에서
내가 이해해야 하는 사람이 있고
왠지 그냥 끌리는 사람도 있고
그 끌림 속에 인연이 되는 사람들과
어우렁 더우렁
희로애락을 같이 하는 인생살이
세월이 변해 같은 시간 같은 공간은
아닐지라도
마음 한켠 사랑이 그립고
사랑이 고파서
험한 세상 다리가 되어
외딴섬 속에 서로의 안부를 묻고
오늘 하루를 잘 보냈다
위로하며 하루를 사노니
지친 하루에
그대가 있어
메아리가 돌아와
그 목소리를 듣는다
나 여기 잘 있다고
잘 지내고 있다고

눈송이

오늘 밤
너의 삶이 지치고 힘들었던 걸
그 누군가가 설령 모를지라도
저 너머 달은 안다
그것으로 충분하고
그럼에도 불구하고 그래도
아낌없이 사랑하라~
지나고 보면 그 모든 것이 축복인 것을
알게 되기를
너는 축복이고
의미를 찾아 헤맨 그날
애써 하루를 보내며
숨죽이며 바라본 그저
그걸 알게 되기를 바랄 뿐
내 눈가 사이로 흩뿌리는 눈송이 의미를
알 수 있으면
저 달은 그것으로 충분히 기뻐할 뿐
말없는 저 달은
그저 그날을 기다릴 뿐
다시 돌아 온 밤하늘에

흩뿌리는 눈송이가
그저 아름다울 뿐
그래서 그저 그 달이 아름다울 뿐
그저 나비의 꿈일 뿐

사내

아픈 세상 너는 아프지 마라
내가 대신 아파해 주리라
내 아파하는 동안
내 아픔 뒤로 하고
너는 그냥 아무 일 없듯이
내 아픈 상처가 아물기 전에
우리 이 세상 아름다워지길
너와 함께 했던 마음
그 마음 충분히 그렇게
난 거친 세상
거침없이 싸워 내 심장을 내놓으리

너는 내 옆에 따뜻한 눈빛으로
그 마음 하나로 바라만 주길
설령 내 뜨거운 선홍빛 심장 속 피가
허공에 흩뿌리더라도
그날
널 위한 내 그 심장 속 뜨거운 피는
인생 아름다웠다고
소풍 왔다고
기억되리라
그렇게 아름다운 인생을 축복하며
사내답게 보내리~

봄비향 커피

비가 오면
커피 향 은은한
창 넓은 창가 너머 바라보며
따뜻한 커피 한 잔 마시고 싶어
창가에 비친 너의 미소 바라보며
그 비를 느끼고 싶어
아무 얘기라도 좋아
아무 말없어도 좋아
그렇게 당신이랑 비를 느끼고 싶어
마른 대지위에 단비처럼
겨울 지나 봄을 재촉하는
오늘 봄비처럼
그렇게 너의 이름 부르고 싶어

24시간

깊은 밤
그 누군가에게는 새벽이고
그 누군가에게는 무지개 꿈을 꾸며
그 누군가는 아침을 기다리는 밤
그 밤하늘에 별을 헤아리는 어떤이가 있고
그 어떤 이는 애써 인생을 찾아 헤매이고
또 어떤 이는 홀로이 밤을 지샌다
시간은 언제나 거기에서 나를 지켜보고 있고
시간 속에 존재하는 내 기억들의 조각들은
또 다른 기억들을 기억하게 한다
그 밤이 아름답던 밤

별

별은 원래 외로운 거야
그래서 사람은 원래 외로운 거야
그 외로움 속에 빛을 보낼 때
그 빛줄기 보고
널 그렇게 그리워하는 누군가가
존재하는 게
인생의 기적이야
그것이 신의 프로그램 속
멋진 인생의 한컷이야
시간이 지나면 프로그램 속 우리는
원래 이어져 있었다는 걸
알게 될 때
우리는 하나가 되는 거야
그것이 한번뿐인 지구별에서
축복된 신의 프로그램 속 완성일뿐
그것이 빛나는 별의 완성이야

주인공 인생

살아오면서
뜨거운 심장이 순간 멈춰버린 사람이 있었는가?
살아오면서
내 영혼을 흔드는 선율을 만나
발길을 돌려 본 적 있는가?
그 심장의 울림 때문에
하루를 아파해 본 적 있는가?
그런 감정의 편린들이
사치가 아니길
그 마음 부여잡고
또 심장이 뛰는 하루를 살면
그것으로 값진 인생 아니겠는가?
주인공 인생..
알겠는가?

늙은 노모

이유 있는 슬픔
그냥 그런 날이 있다
세월의 무게를 견디지 못하고...
애써 힘겹게 밥상 차려주시는
늙은 노모의 뒷모습을 바라보노라면
이유 있는 슬픔이 밀려올 때가 있다
원망스러운 신의 프로그램 속 인생이지만
애써 나도 몰래 눈물을
감추며 허공을 볼 때가 있다

세월호

더 이상 생각하기 싫어도 생각이 나고
기억하기 싫어도 기억이 나는
그런 시간이 있다
개인도
나라도
역사도
그 아픔 담고 삭히며 오늘을 산다
곪고 삭힌 마음 발효되어
더 건강하고 잘 살도록
흐르는 강물처럼
말없이 출렁이는 바다처럼
그렇게 하루를 삭히며 살아가면 된다

회상

평온한 하늘
평온한 일상
나뭇잎 사이로 스치는 바람을 본다
바람은 어디서 오는지?
그때 몰랐던 걸
지금 알게 되고
그때 느꼈던 걸
지금 못 느끼니
그때 알아야 했던 건 무엇이고
지금 느껴야 할 껀 무엇인가?
오늘도 파란 하늘 속에
나를 놓는다

너

비가 올 거 같다
그 비를 가르고 네가 왔으면 좋겠다
비가 올 거 같다
그 비를 가르고 너에게 달려가고 싶다
비가 올 거 같다
그 비를 보며 생각나는 사람이 있었으면 좋겠다
그게 너였으면 좋겠다

갈급

사랑이 점점 퇴색돼 가는 요즘
지는 노을 시간
인생의 공허함에 속아
사랑을 혼동하지 말자
뒤돌아본 인생
충만하게 보냈다면
지금 사랑도 충만하리라
마음이 헛헛하다고
사랑을 그리워 말자
불나방 사랑
하루살이 사랑
사랑 없는 포장된 사랑에 속지 마라
사람을 그리워 마라
현재를 살아가는 너 아닌 다른 사람도
상처뿐인 아픈 사람이니까
내가 사랑으로 충만될 때
헛헛함은 사라지고
사랑으로 충만되리라~
이제 진짜 사랑을 할 때다
사랑이 그립다

마음이란 놈

마음이 생긴다
마음이 안 생긴다
마음은 누가 만드나?
마음은 언제 만드나?
마음이 든다
마음이 안 든다
마음은 언제 들고
마음은 언제 나가나?
마음은 어디 있나?
마음의 주인은 무엇인가?
밤하늘 구름사이 속에서 만드나?
이름 없는 들꽃사이 속에서 생기나?
마음이란 놈

인스턴트 관계

세상 무서운 줄 알아야 한다
그래도..
세상 아름다운 걸 알아야 한다
사람 무서운 줄 알아야 할 세상이다
그래도..
사람이 답인걸 알아야 한다
타인의 시선을 부시고
내 안의 자존감을 높여라
파괴적인 이기주의자 되지 말고..
건설적인 이기주의자가 돼라
인간은 어차피 이기적인 존재이다
그 이기를 건설적인 이기주의로
마음과 정신을
순화하며 살아가야 한다
쉽게 다가가고.
쉽게 헤어지는..
인스턴트 관계가
마음은 더 공허하다

친구도.. 연애도..
자기 안에 갇혀
에너지를 낭비할 필요는 없다
우정도.. 사랑도..
에너지를 향상 시킬수 있는 관계가
자신과 사회를 위해서 좋다
너는 너대로..
나는 나대로..
살면 된다
가식과 위선 속에 갇혀
인생을 허비할 필요는 없다
당당히 나 자신을 관조하고
사랑해라~

고독

세상사에 연연해하지 마라..
마음만 더 번잡스럽고 외로울 뿐..
혼자 걸어가는 인생길에
만나야 하는 건..
대자연 영혼들의 속삭임에 귀 기울이는 것..
그 속에서 내 건강한 영혼과 만나는 것..

여행길

인생은 하루하루 살아가는 경험이야..
그 경험은 하루하루
용기가 필요해..
불의와 타협 않고
어떤 유혹에도 흔들리지 않는..
용기가 필요해..
기쁨을 간직해..
모든 건 순간이야..
그 순간이 사랑으로 이어진 걸 알아가는 길..
그게 인생이야..
인생은 나를 찾아가는 여행길이야..

옛 친구

슬프고 슬픈 음악이여..
애써 웃음을 지을 필요는 없다네..
그냥..그 슬픔..웃음으로 받아들이게나..
어느덧..노을 지나 석양을 보며
아름다웠던 그대 영혼을 그리워할 뿐..
그대..꽃 같던 인생이 너무나 아름다웠다네..
속상해 말게..
그나마 내가 그대들을 기억하잖나..
언젠가 우리 서로 뛰놀던..
골목길에서 그 시간..그 추억..
기억으로 기억하고 싶네..
친구야~

충분해

웃을 수 있을 때 맘껏 웃어..
그리고..
슬플 때는 맘껏 슬퍼해..
그렇게 사는 게 보기 좋아
너의 인생은 그것으로 충분한 하루였어..
그리고..
그리워지면 맘껏 그때를 그리워하면 돼
그것이 우리가 살아야 할
순간순간들이야
아름다운 시간은
그것으로 충분히 남겨진 시간이니까..
그것으로 충분히..
남겨진 이들의 축복된 하루였어..
그걸로 됐어..

기억

내가 사랑했던 것은..
그때 그곳에 머물러줬던..
시간과 공간을 그리워했던 거다
지나간 내 인생을 사랑한 거다
추억 속에 머물러줬던..
그때 그 기억을 사랑한 거다
과거와 현재..그리고..
미래 시간 속에 자리한 너를 사랑한 거다

사이버 공간

마음에 생채기를 내는 사람들이 많아지는
세상이다
감정을 낭비하고..
마음을 헛수고스럽게 만들고..
한번도 만난적도 없는데..
친한 척 다가와 친구가 되려고 한다
실체가 없는 사이버 공간에서
질 좋은 포장지로 포장하듯이..

포장해 놓고.. 허수아비로 살아간다
그리고 훌쩍 시간과 공간을 떠나버린다
떠난 이의 빈 공간은 허전함으로 남고..
애써 남겨진 빈 마음을 위로하며..
사람에 대한 따뜻함보다..
칼로 벤듯한 상처를 남긴다
그 상처는 인간에 대한 배신감으로
마음과 생각을 확장시킨다
그래서 우리는 미리 마음을 닫고 살게 된다
허위와 실재를 구분하지 못하는
사람들이 많아진다
그래서 점점 사람들은 고독하고..
점점.. 진짜 사랑이 그리워지는지 모른다
그럼.. 진짜 사랑은 무엇인가..?

무지개

흐르는 시냇물을 막을 수가 있는가?
흘러가는 구름을 가둘 수가 있는가?
스쳐가는 시간들을 붙잡을 수가 있는가?
흘러간 건 흘러간 데로..
아름다운 시간을 기억하면 될 뿐..
그 시간..그 기억 애써 가두려 하지 마라
생각한다면 마음에 새기지 마라
오늘이 너의 인생에서 최고의 하루고..
그 감사한 하루..
생각하고 마음에 새겨라
먼 훗날
그 하루 기억 속에 기억할 때쯤..
인생은 너를 위해..
대지의 소낙비 지나가고
무지개 내리는
하늘처럼 축복하리라

마음의 길

보이지 않는 마음이라도
마음을 함부로 두지 마라
마음이 움직이는 상황을 주시해 보라
증오와 미움..
사랑과 축복의 마음들..
그 마음속에 일어나는 그 마음들을 들여다보고..
하루를 반성하고 교훈 삼아..
미움과 성냄의 마음을 순화시키고..
사랑으로 채워라

하늘바라기

먹구름 사이로 뭉게구름
수줍게 살짝 비친 파란 하늘을 본 적이 있는가?
살다 보면
파란 하늘 가득 품은
뭉게구름 미소 짓는 하루 있듯..
하루하루 감사하며 지내보자
그 시간 축복하며
파란 하늘 볼 때쯤..
하늘은
나의 하늘이 된다

천상연

우리 만날 인연이라면..
너무 늦지 않았음을..
오래전 아주 오래전..
천상연 기억으로
이미 정해진 인연이라면..
인연이 닿는 그 하늘인연 보고 싶소

들새

지는 어느 여름날 저녁하늘
쏟아지는 소낙비 빗줄기 뚫고
날아가는 저 들새의 무거운 날갯짓을
기억하노라
비에 젖은 무거운 날갯짓하며
멀리 제 집 찾아가는
들새가 보는 세상 속 하늘을 사랑하노라
인생이어라
하루 시간 지치고 힘들던
날갯짓 접고..
제 집 찾아가는 들새를 바라보노니..
그렇게 보내는
나의 송일식을 사랑하노라
내 하루에 그렇게 들새 하나가 지나가노라
아름다운 인생이어라

향유

달구 친구들아
인생이 아름다울 때도 있고
인생이 싫을 때도 있는 게
우리 나이 때인 거 같다
하지만 오늘도..어제도 갔다
2020 여름도 이제 간다
속절없이 흐르는 저 구름처럼..
충분히 우리는 자격이 있다
바쁘게 사는 만큼만 만끽해라
가고 있는 여름 하늘을..
열심히 하루하루를 만끽해라
삶이란 그런 것이다
가질 수도..버릴 수도 없는..
흐르는 강물처럼..
오늘을 만끽해라

어느날

어느 날 신이
나에게 맡겨 놓은 시간을
다시 돌려 달라 재촉한다면..
그 시간 아낌없이 줄 수 있겠는가?
어제 죽은 이가 그토록 바라던 내일이
바로 오늘이라는 간절함처럼..
난 오늘을 사랑하고 싶다
그렇게
떨어지는 빗방울을 내 온 눈으로
온 맘을 다해 바라보고 싶다
그렇게 그 시간..
언젠가
신이 주신 그 시간..
그렇게 다시 돌려 드리고 싶다

시절인연

세상에 관여하지 마라
시절 인연에 연연해하지 마라
그저 바보처럼..
그렇게 하루를 살아라

하얀 나비

하늘 구멍 뚫린 구름 사이로
너까지 나를 비에 젖게 하는 하루..
그 흐린 하늘 속에
하얀 나비 펄럭이는 날갯짓에
한 조각구름 넘어 파란 하늘을 본다
나비는 내 옆을 지나가고..
난 오늘..
그 하늘을 바라본다
그 하늘 위에 나비가 아름답다

중심추

삶의 중심을 잡고 살아야 한다
요즘은 부지불식.. 성을 희롱하고..
인격을 농락당하는 세상이다
성을 희화화하고
언어를 유린하는 세상이다
온갖 미디어와 SNS상에 성을 농락하고
희화화하는 그림과 글들 속에
그것들이 마치 일반화로 그려지기도 한다
성은 까발릴 때 아름다운 것이 아니다
성은 지켜주고 아껴주고 소중히 존중해 줄 때
아름답고 가치가 있는 것이다
거절할 줄 알아야 하는 세상이다
나 자신의 존엄성이 존중받아야 하고
나 자신의 인격과 가치는 나 스스로 지킬 줄 알아야 한다
그러려면 유린되는 이 세상에서 거부와 거절을 통해
나의 존엄을 지켜야 한다
그렇지 않으면 나의 인격은 가랑비에 옷 젖듯이
서서히 침식당하는 세상 속에 살게 된다
비 정상의 정상화를 일반화로 인정하게 될 때..
어느새 나와 우리 모두는 비정상 속 괴물로 갇히게 되는 사회다

그 결말은 나와 우리가 짐승으로 살다가
인간이란 의미를 찾지 못하고 한 세상 무의미하게
불나방처럼 살다 가는 것이다
나 아니면 됐어.. 아님 말구식의 무책임한 성희롱과 인격모독 속에
나를 지키고.. 인류를 지키는 일은 그리 먼 곳에 있지 않다는 걸 알 때다
가치관이 무너지고 상식과 정의가 무너져 가는 세상 속에서..
인간의 존엄과 가치를 위해..
거절과 거부를 해야 할 때다
진흙 속에 연꽃이 아름다운 이유가 있듯..
삶의 중심과 주도권을 잡고 살아야 한다
그렇지 않으면 우리에겐 미래가 없다
흔들리되.. 무너지지 않으려면..

그 마음

세월은 변하고..
시간은 흘러도..
변하지 않은 건..사람 속 따뜻한 마음이다
그 마음은 그 마음을 알게 되고..
흐르는 강물처럼 그 마음이 전해진다
그것이 어떤 이에게는 사랑이고..
그 마음이 어떤 이에게는 정이고..
어떤 이에게는 그 마음으로 하늘이다
깨어살기 어렵고..
깨어 있는 자 만나기 어렵고..
그 하늘 보기가 어렵다

탐욕

저기 있는 것을 탐하지 마라
여기 있음에 만족하라
넌 이미 충분히 가졌고..
부족한 것이 아니고..
만족할 줄 몰라서 삶의 허기가 졌던 것이다
인간의 욕망은 끝이 없다
이제는 비우며 살 때다

타국하늘

같은 하늘..
다른 하늘..
타국에서 보는 그 하늘..
친구가 보는 하늘이
내가 보는 하늘..
어릴 적 보던 그 하늘..
오늘 보는 하늘도 그대로..
달 그림자..
그 시절..그 하늘..
친구가 보는 하늘이 오늘따라
가깝고도 멀게 느껴지는
그 하늘이 보고 싶다

낙수물

떨어지는 낙수물에
찰나의 인생을 본다
낙수물에 소리는 다 다르더라
넌 너대로..
난 나대로..
낙수는 낙수대로..

그 소리가 이어져
일상의 평온을 느낀다
그 느낌이 행복인 것을
알때가 있기를..
시간 속에
네가 있고..내가 있다

휴머노이드에게 고함

휴머노이드에게 고하노라

인간의 희로애락애오욕을 사랑하라

슬프지만 기쁘고

화나지만 즐길 줄 아는

파란 하늘 구름을

너는 모르는 존재속에 그림자..

너는 그대로의 존재

나는 존재 안에 행복

그리고 슬픔..

그래도 행복한 지금 이 순간..

너는 모르는.. 절대 알 수 없는..

가슴 저린 인생이어라

별하나

인생은..
그렇게 혼자 걸어가며..
보고..느끼고..후회하고..
또 다시 보고..느끼고..후회하고..
다람쥐 쳇바퀴 돌며..
회상하며 돌아보는 거울..
후회하는 삶을 살지 마라.
너의 인생..
설명이 필요 없는 너의 인생..
그 인생 자체로 살아라
부끄럼 없이 살아라
말이 필요없는 삶을 살다 가라
말은 껍데기..

설명이 필요 없는 존재 그 자체의
시간을 알다 가라
시간은 허상
허구 속 세상..
껍데기 없이 너 자신의 삶을 살다 가라
빈손으로 왔다..빈 잔 보며 가는 인생..
인생..그 자체의 인생..
오늘 밤도 별 하나가
나를 내려 본다

공부

공부란 무엇인가?
독서하며 성현들 말씀 듣는 게 공부인가?
아니다
조용히 눈감고..
떠오르는 태양의 생명을 느끼는 것
대지안 생명의 생장염장을 느끼는 것..
교감하는 것..

한잔...두잔...

이 세상이 아름다운 건..
내 심장이 뛰는 것을 느끼는 것
흐린 보름 달빛 보며
아름다움을 기억하고 내 눈 속에 담는 것..
흐린 달빛 속..
한 잔에 시간 속..
아름다움을 기억하는 것..

바람의 시간

초가을 바람결에 나부끼는 바람은..
끝이 아님을..
바람은 돌고 돌아 허공 속에 나부끼는
그 바람인 것을..
바람 따라 나부끼는 나뭇잎에
흔들리는 그 꽃잎..
그 몸짓마저 아름답구나..
그 떨림이 아름답구나..
오고 가는 가을바람소리에
다시 못 올..
바람의 시간을 담는다
저 건너 보름달 속에
흔들리는 보름달을 담는다

숨소리

여름날에 뜨거운 태양과
어둠 속을 밝히는 저 보름달..
그 속을 노니는 별들의 거리만큼..
어제도..오늘도..내일도..
같은 시간 속..
다르지만..같은 공간 속에..
끝이 있는 파도의 부딪힘과..
대지의 겨울을 기다리는
생명의 꿈틀 린 그 울림을..
그 속에 맑디 맑은 공기 안에..
머물러 바라보는 주인공의 숨소리..
그 숨소리를 느끼는 밤..
이 밤은 바람 안에 머물고..

영면속의 꿈

대지에 내리쬐는 태양..
뭉게구름 사이..노니는 바람결..
그 바람을 바라보는 주인공..
대지의 자궁 속에 노닐 때
떠밀리 듯..수레바퀴 속 태양을 보며..
그 때 난 울었다
떠밀리 듯..대지의 숨결을 느끼며
난 또다시 웃으며..
자궁속 영면을 꿈 꾼다

인간의 숙명

어느 날..심연의 본질인 내 안에 나를 만나러
가는 길이..
부끄러울 수 있고..
겁이 날 수도 있고..
모르척 회피할 수도 있겠지만..
부끄러울 필요도 없고..
내 안의 본질을 마주하는 게 무섭다고 겁을
낼 필요도 없다
잠시 피할 수는 있겠지만..
다시 필연적으로 마주 하게 되는
내 모습 속에서 도망갈 수가 없다
신도 마중 나오지 않는 그 길..
결국..내가 신이었다는 것을 깨달아 가는 길은..
용기가 필요하고..
쓰러져도 다시 마주하는 도전이 필요하다
그런 노력 속에 어느 날..
그러다 깊은 마음속에 나를 만나게 되는 축복을
경험할 수도 있고..
나를 얻고..삶을 다시 느낄 수 있다
그렇게 그 길을..

알아가는 것이 인간의 숙명이다
그 깨달음을 화두 삼아..
다시 또 오늘..
나를 만나러 가는 길을 떠나야 한다
나는 누구인가?

사랑의 기술

사랑은 인위적인 작업이 아닙니다
자연스러운 마음입니다
사랑은 기술이 아닙니다
사랑은 순수로운 여유입니다
자연스럽고 여유로운 마음을 가지고..
세상을 바라다보면..
사랑은 어느새 내 옆에 자연스레
보입니다

공

악을 증오로 바라보지 마라
선을 사랑으로 인식하지 마라
옳고 그름의 문제가 아니라..
다름의 문제이다
선도.. 악도.. 서로 다름의 문제 일 뿐..
틀린 것이 아니고.. 나쁜 것이 아니다
다만 초월해서 인식해라
공을 봐라
무상을 보고..
무념을 봐라..
무한을 느껴라..
선과 악을 넘어선 그곳의 마음을 느껴라

염화미소

매 순간..
나를 흔드는 혼돈된 세상 속에서..
나를 지키고 나를 찾아가는 길은..
어쩌면..
아름답고..고결하기까지 한 세상이다
흔들리는 가을 꽃잎을 마음에 담고..
그 모습에 가슴속 염화미소를
느낄 수 있다면..

그것으로 만족하고..
충분한 인생인 것을..
오늘 하루 안에서
내가 잠시 스쳐간 일상 속..
그곳..그 시간..사람들..생각들..
그것이 내 유일한
우주적 시간이었음을 알 때가 있다

제로썸 게임

세상은 웃는 놈이 있으면..
우는 놈을 만드는 제로썸 게임이다
내가 웃는 놈이 되기 위해..
선택을 강요 받는 삶이다

거울

지금의 모습은 누구의 모습도 아닙니다
바로 내 모습입니다
내가 선택하며 걸어온 모습입니다
누구를 탓하기도..원망해서도 안됩니다
원망하려면 자신을 탓하면 됩니다
거울은 먼저 웃어 주지 않습니다
거울 속 내 모습이..
욕심과 이기심의 그림자라면..
원망의 모습들이 투영될 것입니다

숙제

누구나..말해도 알 수 없는..
말 못 할 얘기..답답한 마음..
하나쯤은 담고 살아가는 게 인생이다
자신만이 풀어야 할 숙명 같은 숙제..
점점 세월을 살아간다는 건..
나이가 들어간다는 건..
곪아가는 게 아닐까?
그렇게 살아가는 게 아닐까?
그 숙제 풀다..가는 길 같다..

사랑은 하나

사랑은 하나입니다
사랑은 한마음입니다
내가 네가 되고..
네가 내가 되는..
떨어져 있는 마음이 아니고..
함께 같이 있는 마음입니다
우린 시간 안에서 하나가 될 수 있고..
우린 공간 속에서도 하나가 될 수 있습니다
저 넘어 우주와도 하나가 될 수 있고..
생을 지나..죽음과도 하나가 될 수 있습니다
그렇게 하나 됨을 알아가는 인생길입니다
사랑은 하나임을 마음속에서 찾아가는 길입니다

한갈래 마음

인생은 존재와 관계를 알아가는 과정이다
마음도 집처럼 가꿔라
정리하고..쓸고 닦고..치우고..
이사갈 때 정리하는 것처럼..
뒤끝없이..
마음을 버려라..
마음을 바꿔라..
마음을 먹어라..
마음을 키워라..
마음을 가꿔라..
마음을 잡아라..
사람의 마음을 단정 짓지 마라
천 갈래의 마음 중에 한 갈래의 마음을 본 것뿐..
그 마음을 가 본 사람은 그 마음을 안다

가치의 인생

인생의 가치는
정의.진실.질서.진리.존중과 자유이다
그 가치를 알아가는 과정이다
가슴속에 새기며 살아야 할 고결한 가치이다

나이테

내 안이 행복하고 만족하면..
불평하고 불만하지 않는다
불행을 채울것인가?
행복을 채울것인가?
감정의 낭비는 기억으로 남아..
아상으로 잡힌다
감정을 낭비하지 마라
마음에 나이테를 키워라
성숙에는 고뇌와 고통이 따른다
모든 순간순간..
마음속에서 일어나는..
생주이멸을 관찰해라

측은지심

불만과 불평이 생기고..
상대를 미워하는 것은..
내가 아직 불완전한 도량으로 상대를 바라보는 것 때문이다
내가 초연하고 초탈하면..
그런 마음은 들지 않고..
오히려..상대를 측은지심으로 바라보게 된다

괜찮아

넌 평범하지 않아..
그리고 평범할 필요도 없어..
평범을 세뇌시킨 세상을 향해 소리쳐..
지금 마음속 답답함은..
너의 방식대로 살지 못한 후유증이야..
넌 태초부터 특별하니까..
평범할 필요 없어..
괜찮아..

송일식

괜스레..
이유 없는 슬픔과..
이유 없는 공허가
주위를 맴돌 때
난 오늘도 잘 살았다고 자만하지만..
이렇게 사는 게 정답일까?
혼잣말을 되뇌인다
그렇게 하루란 내 인생의 한 페이지가
지나갈 때쯤..
애써 투명한 술 잔속에 비친
채워지지 않는 나를 보며...
송일식을 한다

알 밖의 독수리

알 속에 있는 독수리는 알 밖의 세상을 알 수가 없다
알 밖으로 깨어난 독수리는 어미새의 날갯짓 세상을
알 수가 없다
창공을 나는 독수리는
30년을 지나..
수명을 다해
구부러진 부리를 바위에 찢으며
살기 위해..부활의 고통을 감내한다
그렇지 않으면 독수리는 죽을 수밖에 없는 운명..
너는 독수리의 부활의 고통을 아는가...?
모르면 깝죽거리지 말고 조용히...
독수리의 마음을 알다가 가라..

야상곡

언제나 너는 그 자리..
시간 지나
문득 스치는 마음으로 널 다시 보던 날...
밤하늘 속 별 하나가 반짝인다
작은 푸른 잎사귀 뒤로 수줍게
날 기다리는 너의 마음...
너는 흐린 구름 속 뒤로 보름달같이 수줍게 웃을 때
손톱달처럼 내 마음 한구석이 야린다
그렇게 이 밤 야상곡을 듣는다
그리워할수록...
갈 수 없는
스치는 계절 사이로 보름달처럼..
너는 그렇게 스치고 지나간다

시스템 사회

우리는 점점.. 외로움에 중독돼 가고 있다
시스템은 점점 사회적 거리를 두라 한다
인간이 인간과 함께 살아가는 운명을
그들의 통제와 관리를 위해 시스템을 작동시키고 있다
때론 질병으로... 때론 전쟁으로...
때론 학교 교육으로...때론 생계를 이어가는 노동으로...
슬픈 현실이 다가오고 있다
그럴수록 우리는 서로 만나야 하고..
서로 사랑해야 한다
인간애를 느껴야 하고..
인류애를 가져야 한다..
하루하루 우리에게 남은 시간을 생각하며 살아야 한다
설령 그런 생각들이 부질없다고 할지라도...
개인의 문제에서 보면..
그것은 생에 가장 큰 숙제 중 하나를 풀어가는 과정인 것이다
코로나 대유행과 지구 어머니가 타들어가는 요즘...
가장 근원적인
그 물음을 생각하며 살아가야 한다
나는 누구인가?
지금 우리는 어디로 가고 있는가?

애시당초...

애당초..
마음은 본래 그대로인데..
생각이란 놈이 시시각각..
생주이멸로 널 뛰는구나..
땅은 본래 그대로인데..
춘하추동으로 계절은
시시각각 변하는구나..
평화를 원하거든 전쟁을 준비하고..
삶을 원하거든 죽음을 준비해라..
동전의 양면 같은 인생...
태양이 있으면 달이 있고...
사람마다 아픈 사연이 있어...
세상이 아름답구나..

조기새끼

어머니가 구워주신 조기 가시를
발라가며 먹는다
그리고 한 잔의 술잔에 그 시간을 담는다
마음이 저린다
새끼를 품고 있던 어미 조기를..
나는 술 안주 삼아 삼키고 있었다
새끼 조기는 태어나지 못했고.
그 어머는 새끼를 품으며..
내 입안 속에 와 있다
갑자기 세상이 슬프다
하루 종일 떨어지는 빗소리도
오늘은 슬프다
늙은 노모가 구워주신 조기가
오늘은 슬프다

고슴도치 인간

고슴도치 인간..
누구의 잘못도 아니다
살려고.. 살아볼려고..
살아가면서..
난 자기 방어적 고슴도치 인간이 돼 있었다
약육강식의 정글세계에서..
살기 위해
난 고슴도치 인간으로 변해 있었다
점점.. 상처뿐인 세상에서..
나를 지킬 수 있는 건 가시 돋친 내 몸뚱아리였다
상처 주지 않고..
상처 받지 않고..
살아 갈수 있는 건..
적당한 거리에서 서로를 바라보며..
따뜻한 관심과 마음이면.. 된다
어릴 적 무지개 쫓던..
그 마음이면 충분하다

멍에

땅꺼미 지는 하루를 지나
내일을 향해 난 달린다
족쇄 같은 인생 하나쯤은
달고 사는 게 우리네 인생..
끊을 수 없는 멍에..
모진 인연 속에 너를 만나면..
난 어떤 모습으로 너를 반길까?
어둠 속 멀리 마을 불빛 속에
아궁이 저녁밥을 준비하는
아낙의 모습이 아름답구나
이 어둠 지나
또 다른 아침이 너와 나의
하루를 기다리라~

갈대숲

늦가을 지나 초겨울을
재촉하는 어느 날..
바람 사이로 흔들리는
갈대숲을 보았다
바람에 흔들리는 건..
갈대인가?
내 마음인가?
여리여리한 갈대줄기는..
바람에 흔들리고..
그 갈대를 보고..
내 마음도 흔들리고..

바다바람

노니네
노니다
바다바람을 노니다
갈매기가 노니다
내 귓속옆에 바다바람이 노니네
썰물 들어올 때쯤
아낙의 발걸음은 외딴섬
거친 바다냄새 묻히며
또 나를 본다·
바다 바람이 내 귓가에
거세게 스친다
짠내 나는 바다가 좋아
바다가 좋아
내가 그 바다 볼 때쯤
짠내 나는
그 바다는 거친 바다바람이었다
바다바람 갈매기
내 머리 위로 스칠 때쯤
난 그 갈매기를 보았다
갈매기도 나를 보았다

나는 그 바다를 그저 보고 있다
바닷 바람이 나를 보고 있어도
난
저 바다가 그립다
바다 바람은
내 머리 위로
거칠게 나부낀다
난 바람을 느낀다
바다를 본다
그 거친 바람을 본다
바람 위로 한 마리 갈매기가 스친다
스치는 갈매기가 바람 위로 스칠 때
난 저 바다 위를 본다
그 바다는
나를 보게 한다
그 바다는
바다가 좋았다
그 바다가 좋았다
바다 위로 스치는 그 바람이 좋았다
파란 바다 위 그 바람이 좋았다

난 그 바람을 본다
그 바람 위로 스치는 사람들이 좋다
그 바다가 나를 부를 때
난 그 바다에 없었다
내가 이제 그 바다를 부를 때
그 바다는 성난 바람이었다
거친 바람 뒤로
난 저 바다를 본다

그 바다를 그리워한다
저 바다는 언제나
나를 그리워했다
지평선 뒤로 내가 바다를
그리워할 때쯤
그 바다는 나를 보며 또 다시 운다

신호등

오늘
우연히 봤던 구름 넘어 하늘
그 사이로 거세게 스쳤던 바람
분주히 스쳐간 사람들
어디로 그리 스쳐 지나가는 걸까?
구름도 바람도 사람들도
나는 왜 그때 구름 넘어
파란 하늘을 스치는 걸까?
알 수 없는 세상 속에 덩그러니 외롭게
서있는 신호등사이
찰나의 단상을 잡아본다
오늘 비쳤던 세상도 안녕
오늘 가졌던 시간도 안녕
다시 못 올
영원 속에 오늘도 안녕히~

시작

첫날은 언제나 왠지 설레고 기분이 좋다
입학식날
개학식날
첫 출근날
첫사랑처럼
그 누군가를 처음으로 만나는 날
9월의 시작
설레임과 기대로
시작해도 좋은 날

누군가를 처음으로 만나게 되는 날
행복과 즐거움으로
가득 채워도 되는 날
그 하루 안에
나도 가득 채우는 날
군중 속에 고독을 알게 되는 날
알은 껍질을 깨는 즐거운 고통을
알게 되리니~

가을밤

귀뚜라미 소리가 크게 들리니
올해도 가을이 어김없이 왔구나
이 가을에 너도 어김없이
내게 왔으면 좋겠다

시간의 자유

그리움은 기억하는 걸까?
기억하고 싶은 걸 그리워하는 걸까?
알 수 없지만
기억은 과거
그리움도 과거의 잔상
과거는 과거대로

영원한 시간 속으로
돌릴 수 없는
내가 오롯이 소유할 수 있는 지금
이 공간
최선의 노력으로
시간의 자유를 꿈꾸며
하루를 지낸다

물들다

당신에게 가는 길이
내 진심이면 좋겠습니다
그 마음이
파란 가을하늘처럼 맑고 밝은 마음으로
그대를 물들이고 싶습니다
나도 그 가을하늘같이 물들고 싶습니다
그렇게
당신처럼 물들고 싶은
이 가을입니다~

군중속의 고독

외롭다고 아무나 만나면
괴로울 수밖에 없다
호랑이는 배가 고파도 잡풀은 먹을 수가 없다
사람들과 엮이는 걸 경계해라
사람이 무서워서가 아니라
사회 시스템이 점점 매정해지고 있어서다
사람이 나빠서가 아니라
사회 시스템이 점점 비정하고 서로에게
상처를 주는 사회로 변해가고 있다
비정하고 매정하고 무정하고 냉정한
인간들로 사회 시스템을 만들고 있다
그래서 우리는 점점 더 외로워지고
군중 속에 고독으로 남는지 모른다
그렇게 사회 시스템 속에서 사랑을 갈구하며
고독을 거부하며 몸부림치고 있는지 모른다
자립 · 자주 · 자조로 정신을 세워야 한다
무쏘의 뿔처럼 혼자서 걸어가야 한다
거짓과 위선 허상을 쫓는 사람들 속에
진실과 진심을 가지는 향기 나는 사람들을 만나야
행복하다

가장 중요한
나는 누구인가?
이 세계는 어디로 가는가? 깊은 고뇌와 성찰을 통해
인간은 성숙될 수 있고 한 계단 성장할 수 있다
그것이 이 세상 태어난 목적이고 해답을 찾아가는 과정이다
그것이 삶의 방향성이다

귀로

들판에 피는 잡초 하나도 의미 없는 게 없듯
우리 사는 인생도
하루하루 의미 없는 하루는 없다
흔들리지 않으며 피는 꽃은 없고
꽃 피면 열매 맺고
열매 맺으면
떨어지는 낙엽으로 돌아가듯
그렇게 낙엽이 되어가는 의미로 산다
그렇게 낙엽이 되어간다

마라톤 사랑

젊은 날
백 미터 전력질주하는 사랑보다
마라톤 같은 사랑
심장이 뛰는 불나방 같은
사랑보다
소소한 일상을 공유할 수 있는
친구 같은 사랑
퇴근 후 그날의 있었던
일상들을
손잡고 두런두런 산책하며
얘기 나눌 수 있는 그런 사람 있었으면 좋겠다
그런 사랑이 그리운
혼자 시작하는 아침

별의 대화

별
깊은 밤이 오는 시간
어둠이 내 주위를 감싸는 시간은
나를 찾는 시간
나를 만나는 시간
나를 지키는 시간
나를 잃지 않는 시간
나를 포기하지 않는 시간들이야
그 시간은
어둠에 물들지 않고
별이 되는 시간이야
별들이 내게 속삭이듯
어둔 밤에 울릴 때
자신을 찾으세요
자신을 만나세요
자신을 지키세요
자신을 잃지 마세요
자신을 포기하지 마세요
슬퍼하지 마세요
용기를 가지세요

희망이 보여요
어두운 세상 속 물들지 말고
어두운 세상에 당당해지세요
그 시간은
내가 별이 되어 반짝반짝 빛나는
시간이야

주인

내가 주인이다
내가 세상의 주인이다
시나브로 떠오르는 태양도
살랑살랑 흔들거리는 나뭇가지도
그걸 지켜보는 나
지나는 시간 속에 보이는것은
그렇게 흘러간다
주인은 그걸 보면 된다
느끼면 된다
주인에게 보여주고 싶어 하는 하루를
그렇게 보면 된다
오늘 아침
떠오르는 태양을
가을 아침 바람 흔들리는 나뭇가지를
그렇게 느끼며
주인은 그렇게 하루를 시작하면 된다

인샬라~

떨어지는 것은 아름답다
빗물도 낙엽도 눈도
이별하는 이의 눈물조차도
오늘처럼
떨어지는 낙수물도 아름답다
대지에 아픔을 씻기는 하늘의 소리
쪼로록 뚝뚝~~쪼로록 뚝뚝
메마른 지구 반대편 그 어딘가에도
낙숫물 소리가 들렸으면
얼마나 좋을까~?
우크라이나 팔레스타인 하늘에도
평화의 낙숫물이 함께 하기를
아름다운 낙숫물이 눈물로 떨어지는
그 하늘에
어린아이의 눈망울에 웃음이 함께 하기를
인샬라~~

일렁임

구름 넘어 달빛 비췰 때쯤
마음속에 작은 물방울 일렁인다
순간에 작은 울림의 뿌리를 찾아본다
어디서 왔고 무엇을 찾고 있나?
지나간 노래 가락 속에 흥얼 거린다
흐르는 시간을
오늘도 난 이렇게 바라본다

이데아

우주속의 우주...
우주밖의 우주...
시간은 없다 과거도 현재도 미래도
내가 시간을 창조할 뿐
공간도 없다
내가 공간을 옮겨 다닐 뿐
내가 나라고 인식하는 것은 시간과 공간 속에
잠시 착각하는 것

노스텔지아

천지가 여명의 아침을 토해낼 때
지난밤 꿈속에 지나간 길을 건넌다
어제도
오늘도
아마 내일도
신의 또 다른 야누스의 얼굴
시간의 무한궤도 속 영원을 꿈꾼다
노스텔지아 무한의 공간은 어디쯤일까~?
어제는 행복했지만
오늘 난 대지의 마음으로 아파할 것이다
그리고 내일을 그리워할 것이다
그렇게 어린 왕자 본향의 영원을 찾아갈 것이다
오늘은 또 다른 여명의 아침이 밝아온다

내리막 인생

오늘이 하지이던가~?
오르막이 있으면 내리막이 있는 것이 인생이거늘
낮과 밤의 길이가 이제는 달라지겠구나
준비하자
맞이하자
이제부터는 인생도 내리막 인생
태양의 시간이 지고 달의 시간이 온다 해도
슬퍼하지 말고 실망하지 말자
이 또한 영원의 시간 안에서 일어나는 생장염장이거늘
아름다운 시간 속에서 흐르는 것을 그리워하자
가는 시간 붙잡을 수 없고 오는 시간 막을 수 없지 않은가~?
내가 지금 존재하는 대지와 함께
이 순간을 기억한다

껄떡 인생

껄떡대다 가는 인생이다
너도 껄떡、
나도 껄떡、
너는 거기서
나는 여기서
부귀와 명예… 인생도…
껄떡대다 가는 인생
부족하고 모자라지만
미완의 마침표 인생이지만
껄떡댈 때만큼은 즐거웠다
행복이 별거냐~?
껄떡댈 수 있을 만큼 껄떡대다 가면
그게 값진 인생이지
사랑도 인생도
껄떡대다 가는 인생이다

이방인

이방인
대지가 새 하늘로 꿈틀 될 때쯤
어느 낯선 곳 낯선 시간에
나는 이방인으로 살아 있다
허기진 배를 움켜쥐고
이마에 땀방울을 훔치고
거친 숨소리를 내뿜으며
오늘 아침을 맞이한다
한 낮 태양의 뜨거운 열기를 식히려
그늘진 나무 아래
몽글어진 땀방울 속에 진한 소금기를
맛보며
거친 하루를 보낸다

하늘비

이글거리는 태양아래
점점 뜨거워진 아스팔트 아지랑이를 밟고
오늘도 하늘비를 기다리며 그리워한다
언제쯤 올까~?
언제나 하늘비 소식을 듣게 될까?
갈증이 갈망이 되는 세상
갈망도 끝이 보이는 시간
무념의 세상으로
하늘비를 그린다

청량 한모금

비 온 뒤 하늘은
너를 닮았다
청량한 한 모금의 공기
맑고 파란 하늘

내 머릿속에 너

살랑살랑 흔들흔들
일렁이는 봄볕사이로
나뭇가지에 초록이 물들었네
창공안에 뭉게구름
나를 보며
바람 사이로 지나가네
말없이 흐르는 구름과 시간
그 시간 속 내 머릿속에 너

꼴값하다 가는 인생

작금의 세태속에 세상을 바라보노니
개탄스럽고 개탄스럽다
정치인들과 선동가들에 의해 나라는 양분되고
서로를 존중 안하고 혐오한다
나 자신을 모르면서

꼴값 하네~~

현상과 본질

다양한 현상
다양한 사람
다양한 사회안에서
본질을 봐야 한다
포장된 감언이설과 화려한 미사어구
겉치레에 속아
본질을 놓치면 안된다.
복잡하고 혼탁한 사회속에서
현상이 사이비라면…
본질은 진리다

인생불패

인생불패
사랑도.. 인생도..
이제는 아랫목 군불 때듯이
20대 청춘의 이글거리는 태양아래 뜨겁던 여름날의 해변거리도 지나가고
30대 인생의 사랑과 아픔을 고뇌하며 되뇌던 불면의 밤들도 지나갔다
40대에 냉혹한 정글 속 생존의 무리들 속에서
이리로 저리로 먹이를 찾아 헤매다
난 무리들 속에 던져져 갈기갈기 찢기고 내 위장과 살점들은 무리들 속
누군가에게 먹이가 되었다
하지만 뜨거운 심장만큼은 끝까지 지키며
난 그때 죽어가며 파란 하늘을 보았다
50대에 난 아픈 기억들을
외딴 숲 어둠 속에서 조용히 치유하며
세상을 관조하고
인생과 내 자신을 알아간다
지난 날들 속에 나를 되뇌며
지는 석양의 아름다움 속에서 찰나의 기쁨을 배운다
수억 년의 기나긴 세월 속에
비바람 맞으며 견뎌낸 다이아 원석의 귀중함을
깨닫고 소중히
한걸음 한걸음 뚜벅 뚜벅
난 오늘도 그 길을 간다

인생不패

지은이 신양호
카 톡 Shin6968
페이스북 shin72342@gmail.com

초판1쇄 펴낸날 2025년 4월 3일

펴 낸 곳 도서출판 애플북
등록번호 제345-2020-000013호

I S B N 979-11-93285-81-7(03810)

이 책은 저작권법에 따라 보호받는 저작물이므로
무단 전재와 무단 복제를 금지합니다.